AF268315

CHAMBRE DE COMMERCE
de Troyes

RACHAT ET EXPLOITATION

DES

CHEMINS DE FER

PAR L'ÉTAT

RAPPORT ET DÉLIBÉRATION

Séance du 1er Septembre 1880

TROYES

IMPRIMERIE ET LITHOGRAPHIE DUFOUR-BOUQUOT
RUE NOTRE-DAME, 45 ET 41

1880

RACHAT ET EXPLOITATION

DES

CHEMINS DE FER

PAR L'ÉTAT

RAPPORT ET DÉLIBÉRATION

Séance du 1er Septembre 1880

TROYES

IMPRIMERIE ET LITHOGRAPHIE DUFOUR-BOUQUOT

RUE NOTRE-DAME, 43 ET 41

1880

RACHAT & EXPLOITATION

DES

CHEMINS DE FER PAR L'ÉTAT

Séance du 1er Septembre 1880

M. le Président donne la parole à M. F. Fontaine, rapporteur de la Commission[1] chargée d'étudier la question du rachat et de l'exploitation des chemins de fer par l'État.

M. Fontaine s'exprime en ces termes :

MESSIEURS,

Au cours de la dernière session des Chambres, il s'est produit un courant d'idées qui tendrait à mettre l'État en possession de toutes les lignes de chemin de fer existantes

---

[1] La Commission se composait de MM. Fontaine, Gérard-Millot, Jacquin, Poron et Samuel.

en France. Le Gouvernement a saisi la Chambre des députés d'un projet de loi portant rachat d'une partie du réseau d'Orléans, et déjà, la Commission chargée de l'examen de ce projet, allant au-delà de la pensée du Gouvernement, a déposé un rapport concluant au rachat de ce réseau tout entier.

De telles mesures seraient le bouleversement du système constamment suivi en France, pour l'établissement et pour l'exploitation des chemins de fer ; leurs plus chauds partisans ne peuvent nier qu'à tout le moins elles nous mènent à l'inconnu ; aussi le monde commercial et financier s'en est-il vivement ému.

Les Chambres de Commerce, organes naturels des grands intérêts de l'industrie ne peuvent garder le silence devant des projets d'une si sérieuse importance.

Plusieurs d'entre elles ont déjà fait valoir contre le rachat et l'exploitation des chemins de fer par l'Etat des considérations aussi profondément réfléchies que solidement appuyées par des documents et des chiffres. Les Chambres de Commerce de Bordeaux, Lyon et Nancy notamment ont donné à la question des développements remarquables ; elles ont admirablement fait ressortir les inconvénients d'une innovation due à la fécondité d'esprits que nous voulons croire bien intentionnés, mais qui n'ont point assez compris qu'ils soutiennent une théorie entièrement contraire aux vrais principes d'une sage organisation sociale, pour arriver aux résultats les plus onéreux pour le pays.

La Chambre de Commerce de Troyes manquerait à son devoir, si elle ne venait s'élever, à son tour, contre des idées que nous regardons comme extrêmement périlleuses.

Nous n'avons pas, toutefois, l'intention de chercher à établir une fois de plus, par de longs raisonnements, ce qui a été si bien démontré ; nous ne pourrions que répéter les mêmes arguments, sans rien ajouter à leur valeur, et tomber dans des redites inutiles ; nous nous contenterons de résumer notre pensée, en indiquant simplement les motifs qui nous déterminent.

Nous repoussons tout d'abord, en principe, toute mesure tendant à absorber dans l'Etat, par une concentration abusive, ce qui doit rester le domaine de l'action individuelle de chacun. L'Etat a pour mission de présider aux destinées du pays, en protégeant les intérêts particuliers, en exerçant son droit de contrôle, pour que toute chose soit dans l'ordre ; mais il ne doit pas se substituer à l'initiative privée dans ce qu'elle peut entreprendre et mener à bonne fin, parce qu'en s'emparant ainsi de ce qui constitue les forces vives de la nation, il les annihilerait en leur ôtant leur puissance productive.

Or, le rachat et l'exploitation des chemins de fer par l'Etat ne serait qu'un premier pas dans ce système de concentration que nous redoutons.

Indiquons rapidement quelles en seraient les plus graves conséquences.

Au point de vue financier, le rachat, en élevant à un chiffre fabuleux la dette publique, déjà si importante aujourd'hui, créera un danger considérable pour la France, dont le crédit, si solide qu'il soit jusqu'ici, ne saurait être étendu inconsidérément ; et, d'un autre côté, l'Etat, pour indemniser dans de justes proportions les actionnaires des diverses Compagnies, aura de lourdes obligations à contracter. N'est-il pas à craindre que, pour y faire face, il ne soit forcé de recourir un jour ou un autre à de nouveaux impôts, c'est-à-dire obligé de demander au pays, déjà si chargé à ce point de vue, de nouveaux sacrifices ?

Au point de vue de l'exploitation, les inconvénients,

comme l'a si bien fait ressortir la Chambre de Commerce de Nancy, seraient aussi nombreux que redoutables.

Depuis que les chemins de fer sont établis, le commerce n'a cessé de se plaindre du monopole acccordé aux Compagnies en matière de transport, et de l'usage qu'elles en font. On leur a souvent reproché, non sans de justes motifs, leurs tarifs trop élevés, l'application arbitraire de ces tarifs, les parcours onéreux ou allongés qu'elles imposent aux expéditions de marchandises dans un but fiscal, l'insuffisance de leur matériel, sans compter beaucoup d'autres griefs, toujours tirés de leur omnipotence presqu'absolue. Ces plaintes diverses, on ne saurait le méconnaître, ne sont pas constamment restées sans effet ; souvent elles ont trouvé de l'écho et sont devenues le point de départ de réformes utiles ; parce que, dans l'ordre actuel des choses, l'Etat a le droit d'intervenir entre les Compagnies et le Public ; parce qu'il use de ce droit pour surveiller l'ensemble de l'exploitation, pour faire respecter les règlements, pour donner ou refuser sa sanction aux tarifs, en un mot, pour exercer son action tutélaire, afin de prévenir les abus ou d'y remédier.

Il est clair que cette haute surveillance de l'Etat, que ce recours suprême à son autorité, disparaîtront complètement le jour où il se trouvera lui-même propriétaire et maître absolu de tous les chemins de fer, libre de les administrer selon son bon plaisir, sans concurrence, sans contrôle et sans autre règle que son propre intérêt. Au lieu d'un monopole divisé entre plusieurs Compagnies et tempéré par les droits de l'Etat, nous verrons surgir un monopole unique, beaucoup plus puissant, indépendant de toute influence supérieure ; arme dangereuse, du reste, entre les mains de l'Etat, qui pourra s'en servir selon les besoins de sa politique, et qui étendra son omnipotence sur une légion d'employés devenus fonctionnaires et par conséquent dépendants.

Ajoutons qu'au lieu de plusieurs Compagnies, quelquefois rivales et presque toujours en concurrence avec la navigation fluviale, nous aurons, dans la personne de l'Etat, un seul et grand entrepreneur de transport, n'ayant de responsabilité qu'envers lui-même, disposant sans conteste de toutes les voies possibles, affranchi de toute espèce de concurrence et qui, en raison du rôle complexe qui lui est dévolu, pourra être entraîné, selon les circonstances, à élever les tarifs pour y trouver les ressources nécessaires à des besoins de toutes sortes.

Il y aurait là, évidemment, une concentration effrayante, qui serait de nature à compromettre gravement les intérêts les plus dignes d'être respectés.

D'ailleurs, l'exploitation des chemins de fer n'est en réalité qu'une véritable industrie, soumise, comme toute autre, aux chances commerciales et aux éventualités des circonstances ; l'Etat, à notre avis, ne doit ni ne peut se faire industriel.

Il ne le doit pas, parce que l'industrie appartient aux citoyens, et qu'il est intéressant de leur en conserver le libre exercice, soit qu'ils agissent isolément, soit qu'ils multiplient leurs forces par la puissance de l'association. Il ne saurait convenir à l'Etat, protecteur de tous, d'usurper les droits de chacun ; il est tenu, au contraire, ainsi que nous l'avons dit en commençant, de respecter la liberté individuelle et de ne point entraver son action, en évitant de s'approprier les ressources du commerce et de l'industrie, en restant dans son unique et véritable rôle, c'est-à-dire en se contentant de gouverner et d'administrer.

L'Etat ne peut pas d'avantage se faire industriel, si ce n'est dans des conditions particulièrement désavantageuses. L'industriel, en effet, a besoin, pour vivre et prospérer, d'être toujours attentif à suivre pas à pas le progrès industriel, pour en faire une application immédiate en modifiant ses moyens de production selon les découvertes nouvelles de chaque jour : il a besoin aussi de se faire négociant pour s'assurer des débouchés plus nombreux ou plus productifs. Or, le progrès industriel est le fruit de l'esprit inventif de l'individu, comme le génie commercial est le résultat d'aptitudes personnelles ; les règles formalistes d'une administration, les influences de bureaucratie qui s'y rencontrent toujours, sont de leur nature opposées au développement de l'action individuelle ; elles tendront sans cesse à étouffer dans leur berceau les plus heureuses innovations, soit au point de vue purement industriel, soit au point de vue commercial : c'est une raison bien suffisante pour que toute industrie, celle des chemins de fer comme les autres, entre les mains de l'Etat, ne puisse que végéter en s'immobilisant dans des habitudes exclusives de tout progrès comme de toute prospérité.

Nous croyons aussi que les frais d'exploitation des chemins de fer seront forcément plus élevés pour l'Etat qu'ils ne le sont pour les Compagnies : cette opinion se trouve justifiée, si, d'une part nous nous en rapportons à l'expérience faite dans les quelques pays étrangers où ce système a été mis en pratique, et si, d'autre part, nous considérons ce qui se passe pour les travaux publics, dont l'exécution est toujours plus coûteuse que celle des travaux particuliers. Quelles seront les conséquences de cette augmentation de frais ? Elles se traduiront nécessairement par une élévation des tarifs de transports, ou par un recours au budget de l'Etat ; moyens regrettables, qui retomberont, l'un aussi bien que l'autre, à la charge du Public et qui seront, en fin de compte, le résultat le plus certain des projets si malencontreusement soulevés.

Le service des chemins de fer, sans doute, n'est pas, tel qu'il se fait aujourd'hui, à l'abri de toutes critiques ; de nombreuses améliorations peuvent y être sans cesse apportées. Les Chambres de Commerce seront toujours là pour les réclamer en temps opportun. Ces améliorations pourront être obtenues, comme la plupart de celles qui les ont précédées, par l'intermédiaire de l'Etat pesant sur les Compagnies ; il est douteux qu'elles se réalisent jamais au gré des intéressés, si l'Etat se substitue aux Compagnies.

Tel est, Messieurs, le simple énoncé des raisons principales qui, selon nous, s'opposent au rachat et à l'exploitation des chemins de fer par l'Etat ; et, comme conclusions, votre Commission vous propose de décider que :

La Chambre,

Par les motifs ci-dessus énoncés ;

Se référant d'ailleurs aux développements donnés à la question dans les délibérations des Chambres de Commerce de Bordeaux, Lyon et Nancy ;

Proteste énergiquement contre tout rachat partiel ou général et contre toute exploitation des chemins de fer par l'Etat ;

Et demande au Gouvernement et aux Chambres de repousser d'une manière absolue tout projet de ce genre, comme contraire aux principes économiques et aux intérêts du pays.

La Chambre,

Après avoir entendu ce rapport et en avoir délibéré, adoptant les motifs qui y sont énoncés, en approuve les conclusions et, à l'unanimité, déclare les convertir en délibération.

Elle décide que le rapport et la présente délibération seront adressés à M. le Ministre de l'Agriculture et du Commerce, ainsi qu'à M. le Ministre des Travaux Publics.

Fait et délibéré à Troyes, le 1er septembre 1880.

Pour copie conforme :

Le Vice-Président,

LOUIS SAUSSIER.

Le Secrétaire-Trésorier,

A. JACQUIN.